# YR HEN
# A'R PEDW

(Fersiwn gryn



Addasiad

Elfyn Pritchard ac Elisabeth Davies

CYNLLUN Y
PORTH

Argraffiad cyntaf Ionawr 1997

ISBN 1 85902 515 3

Cyhoeddwyd gan Wasg Gomer, Llandysul, Ceredigion. SA44 4BQ



Mae Uned Iaith Genedlaethol Cymru yn rhan o WJEC CBAC Cyf.,
cwmni a gyfyngir gan warant ac a reolir gan awdurdodau unedol Cymru.

UNED IAITH GENEDLAETHOL CYMRU
CBAC

Recordiwyd y casét gan ddisgyblion
Ysgol Gynradd Gymraeg Llyn y Forwyn

Dyluniwyd gan: W Mostyn Davies
Lluniau gan: Jac Jones ©
Argraffwyd gan: Wasg Gomer
Llandysul
Ceredigion
SA44 4BQ

# YR HEN WRAIG A'R PEDWAR SŴN

Un tro roedd hen wraig yn byw ar ei phen ei hunan mewn bwthyn. Bwthyn bach iawn oedd e. Dim ond dwy stafell oedd ynddo, cegin fyw a chegin gefn. Yn y gegin fyw roedd stôf fechan a mat o'i blaen, cadair siglo, tair cadair arall, bwrdd a dresel. Roedd llun neu ddau ar y wal. Yn y stafell yma hefyd yr oedd ei gwely.

Doedd neb yn byw gyda'r hen wraig. Ond doedd hi ddim yn unig. Na, roedd ganddi bedwar sŵn i gadw cwmni iddi.

Pan fyddai'r drws allan yn cael ei agor byddai'n gwichian - "wi...i...i...ich" dros y tŷ.

Pan fyddai'r hen wraig yn camu ar un o'r styllod pren yn y llawr byddai'r styllen yn mynd "wa...a...ach" dros y tŷ.

Pan fyddai'n wynt byddai ffenestr y gegin fyw yn mynd "rat...at...at...at", ddim dros y tŷ ond yn ddigon uchel i chi ei glywed.

Ond nid gwichian y drws a gwachian y llawr a rhugl y ffenestr oedd yr unig synau yn y tŷ.  Na, roedd yna bedwar sŵn i gyd i gadw cwmni i'r hen wraig.

Yn y nos pan fyddai'r hen wraig yn ei gwely byddai'n clywed sŵn traed bach yn pitran-patran ar lawr y gegin.  Sŵn traed y llygoden fach oedd yn byw mewn twll yn y wal oedd y sŵn.  Doedd yr hen wraig erioed wedi ei gweld, ond byddai'n gadael briwsion iddi ar y llawr.

Roedd saer yn byw y drws nesa i'r hen wraig.  Dyn caredig iawn oedd e.  Un diwrnod daeth i'r tŷ â baich o goed i'r hen wraig.  Wrth agor y drws clywodd hwnnw'n gwichian, ac wrth gamu ar y styllen fe'i clywodd yn gwachian.  Yna clywodd y ffenestr yn rhuglo a sylwodd ar y twll llygoden yn wal y gegin.

"Hm," meddai. "Bydd rhaid i fi ddod yma fory ag oel ar gyfer y drws, hoelen i roi'r styllen yn sownd, sgriwdreifar i roi sgriw yn y ffenest a thrap i ddal y llygoden."

Gan fod y saer mor garedig, doedd yr hen wraig ddim yn hoffi dweud wrtho am beidio â dod a'i bod yn hoffi'r synau ac yn teimlo'n ffrind i'r llygoden.

Y noson honno yn ei gwely roedd yr hen wraig yn poeni'n fawr am y peth. Roedd hi'n methu cysgu.

Yn sydyn clywodd sŵn traed bach ar lawr y gegin a chlywodd lais yn galw arni. Roedd y llais yn debyg iawn i'r wich oedd yn y drws a doedd ar yr hen wraig ddim ofn o gwbl.

"Hen wraig, hen wraig, ydych chi ar ddi-hun?"

"Ydw."

"Coblyn bach y drws ydw i. Allwch chi ddim o ngweld i, ond rwy'n byw yn y drws. Bydd rhaid i chi ddweud wrth y saer am beidio â dod i roi oel yn y drws fory neu fydda i ddim yn gallu byw yno wedyn."

Cyn i'r hen wraig gael cyfle i ateb clywodd ragor o sŵn traed ar lawr y gegin a llais bach gwachlyd fel sŵn y styllen yn galw arni:
"Hen wraig, hen wraig, ydych chi ar ddi-hun?"

"Ydw."

"Coblyn bach y llawr ydw i . Allwch chi ddim 'y ngweld i, ond rwy'n byw dan un o'r styllod yn y llawr. Bydd rhaid i chi ddweud wrth y saer am beidio â rhoi hoelen yn y styllen fory neu fydda i ddim yn gallu byw yno wedyn."

Cyn i'r hen wraig gael cyfle i ateb clywodd ragor o sŵn traed ar lawr y gegin a llais bach rhuglyd fel sŵn y ffenestr yn galw arni.

"Hen wraig, hen wraig, ydych chi ar ddihun?"

"Ydw."

"Coblyn bach y ffenestr ydw i. Allwch chi ddim 'y ngweld i ond rwy'n byw yn ffenestr y gegin. Bydd rhaid i chi ddweud wrth y saer am beidio â dod i sgriwio'r ffenestr fory neu fydda i ddim yn gallu byw yno wedyn."

Cyn i'r hen wraig gael cyfle i ateb clywodd ragor o sŵn traed ar lawr y gegin. Y tro yma roedd hi'n nabod y sŵn, sŵn traed y llygoden fach. Synnodd ei chlywed yn siarad mewn llais main.

"Hen wraig, hen wraig, ydych chi ar ddi-hun?"

"Ydw."

"Bydd rhaid i chi ddweud wrth y saer am beidio â gosod trap imi fory neu fe fyddaf yn cael fy nal ynddo a'm lladd."

"O diar," meddai'r hen wraig. "Bydd rhaid imi feddwl beth i'w wneud. Ewch chi at y bwrdd i gael pryd iawn o fwyd cyn mynd yn ôl."

"Diolch i ti, hen wraig," meddai'r pedwar. "Rwyt ti'n garedig iawn."

Ar hynny daeth y lleuad i'r golwg o'r tu ôl i gwmwl. Yn ei olau roedd yr hen wraig yn meddwl ei bod yn gweld rhywbeth tebyg i dri choblyn bach a llygoden yn eistedd ar y bwrdd. Roedden nhw'n bwyta bara a chaws a phicls.

Nionod Picl Tach 96

Caeodd yr hen wraig ei llygaid a slwmbran cysgu nes iddi glywed llais un o'r tri choblyn.
"Dyna ni wedi gorffen. Diolch am y swper. Un da iawn oedd o hefyd."

"Rwy i wedi meddwl beth i'w wneud fory," meddai'r hen wraig. "Bydd rhaid i chi guddio pan ddaw'r saer yma."

"O'r gore," meddai'r tri choblyn.

"Ond beth amdana i?" holodd y llygoden. "Cuddio bydda i bob amser beth bynnag. Does gen i unman arall i fynd iddo."

"Paid â phoeni. Fe wna i'n siwr na ddaw dim niwed i ti."

Aeth coblyn y drws i guddio i gwpwrdd y gegin gefn. Aeth coblyn y llawr i'r cornel y tu ôl i wely'r hen wraig. Aeth coblyn y ffenestr i'r ddresel oedd wrth y wal. Aeth y llygoden i'w thwll.

Yn gynnar y bore wedyn daeth y saer yno.

"Reit," meddai. "Fe awn ni ati i gael gwared â'r synau yna ar unwaith."

"Wyddoch chi be," meddai'r hen wraig. "Dw i ddim yn meddwl bod yna synau yn y tŷ erbyn hyn."

Aeth y saer i agor y drws. Dim gwich i'w chlywed. Safodd ar y styllen, dim gwach i'w chlywed. Safodd wrth y ffenestr a gwrando, dim rhugl i'w glywed.

"Dyna beth od," meddai. "Ond fe roia i oel yn y drws yr un peth."

"Na," meddai'r hen wraig, "does dim rhaid. Rhowch oel ar fy siswrn i yn lle hynny. Mae hwnnw yn stiff."

Gwnaeth y saer hynny.

"Fe roia i hoelen yn y styllen," meddai, "rhag ofn."

"Na," meddai'r hen wraig, "does dim rhaid. Rhowch hoelen ym mraich y gadair siglo yn lle hynny. Mae honno'n rhydd."

Gwnaeth y saer hynny.

"Fe wna i dynhau'r sgriws yn y ffenestr" meddai'r saer, rhag ofn i'r sŵn ddod yn ei ôl."

"Na," meddai'r hen wraig. "Does dim rhaid. Wnewch chi dynhau'r sgriw yn y siswrn glo? Mae hi wedi llacio."

Gwnaeth y saer hynny.

"Nawr am y llygoden," meddai. Gosododd y trap yn ofalus heb fod ymhell o geg y twll, â chlamp o ddarn o gaws ynddo.

"Dyna fe," meddai. "Fe fydd y llygoden wedi ei dal cyn nos."

Cyn iddo fynd adref diolchodd yr hen wraig yn gynnes i'r saer am ei waith.

Wedi iddo fynd, estynnodd y procer a chaeodd y trap. Yna gwnaeth baned o de iddi ei hun.

Daeth pwff o wynt ac ysgwyd y ffenestr a chlywodd yr hen wraig hi'n rhuglo, yn mynd "rat...at...at...at" fel o'r blaen.

Cododd a mynd i sefyll ar y styllen.
"Wa...a...a...ach" meddai honno.
Yna aeth i agor y drws. "Wi...i...i...ich" meddai hwnnw.

Yna aeth yn ei hôl i orffen ei phaned, yn teimlo'n hapus bod tri o'i ffrindiau bach yn ôl.

A chyn mynd i gysgu y noson honno, clywodd bitran-patran y llygoden fach yn chwilio am friwsion ar lawr y gegin.

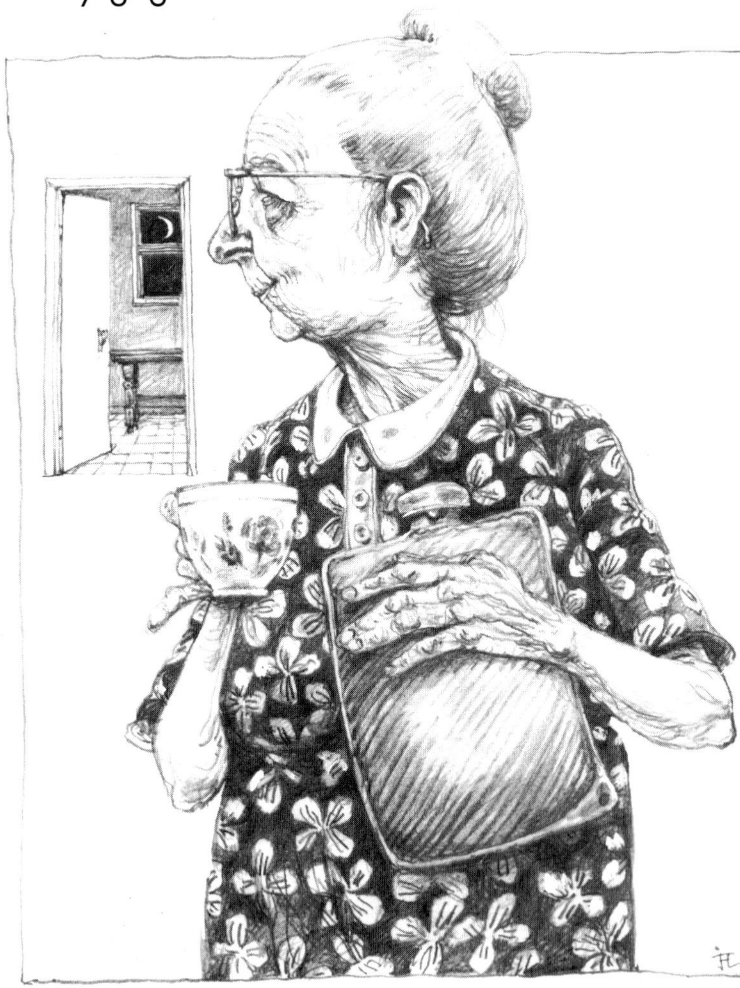

Elisabeth Davies/Elfyn Pritchard, addasiad o James Reeves, 'The Old Woman and the Four Noises,' *Pigeons and Princesses*, (Heinemann, 1956)